BEI GRIN MACHT SICH IHR WISSEN BEZAHLT

- Wir veröffentlichen Ihre Hausarbeit,
  Bachelor- und Masterarbeit

- Ihr eigenes eBook und Buch -
  weltweit in allen wichtigen Shops

- Verdienen Sie an jedem Verkauf

Jetzt bei www.GRIN.com hochladen und kostenlos publizieren

Bibliografische Information der Deutschen Nationalbibliothek:

Die Deutsche Bibliothek verzeichnet diese Publikation in der Deutschen National-
bibliografie; detaillierte bibliografische Daten sind im Internet über http://dnb.d-
nb.de/ abrufbar.

Dieses Werk sowie alle darin enthaltenen einzelnen Beiträge und Abbildungen
sind urheberrechtlich geschützt. Jede Verwertung, die nicht ausdrücklich vom
Urheberrechtsschutz zugelassen ist, bedarf der vorherigen Zustimmung des Verla-
ges. Das gilt insbesondere für Vervielfältigungen, Bearbeitungen, Übersetzungen,
Mikroverfilmungen, Auswertungen durch Datenbanken und für die Einspeicherung
und Verarbeitung in elektronische Systeme. Alle Rechte, auch die des auszugsweisen
Nachdrucks, der fotomechanischen Wiedergabe (einschließlich Mikrokopie) sowie
der Auswertung durch Datenbanken oder ähnliche Einrichtungen, vorbehalten.

Impressum:

Copyright © 2010 GRIN Verlag, Open Publishing GmbH
Druck und Bindung: Books on Demand GmbH, Norderstedt Germany
ISBN: 9783640603299

Dieses Buch bei GRIN:

http://www.grin.com/de/e-book/149443/wenn-ihr-wollt-ist-es-kein-maerchen-uto-
pisches-in-theodor-herzls

Steffen Gansmann

"Wenn ihr wollt, ist es kein Märchen..." - Utopisches in Theodor Herzls "Altneuland"

GRIN Verlag

„Wenn ihr wollt, ist es kein Märchen…"

Utopisches in Theodor Herzls *Altneuland*

Inhaltsverzeichnis

Einleitung

Diese Arbeit befasst sich mit dem Roman „Altneuland" aus dem Jahre 1902, verfasst durch den Begründer des politischen Zionismus Theodor Herzl.

„Zionismus" ist eine nationalistisch-ideologische Bewegung des jüdischen Bürgertums seit Ende des 19. Jahrhunderts. Der Zionismus strebt die Schaffung eines eigenständigen jüdischen Staates auf dem Gebiet Palästinas an.

Altneuland stellt in Romanform die von Herzl 1896 in seiner Schrift „Der Judenstaat" dargelegten Ideen in überarbeiteter Fassung vor – eingebunden in eine Rahmenhandlung über den jungen jüdischen Juristen Friedrich Löwenberg und den amerikanischen Ingenieur und Millionär Kingscourt, welche nach einigen Jahren auf einer einsamen Insel in das von Juden besiedelte Palästina zurückkehren und dort auf ihren Reisen den neu gegründeten Staat, die „neue Gesellschaft" genannt, kennenlernen.

Mit dieser Arbeit möchte ich die grundlegenden utopischen Elemente in Herzls Roman nachweisen.

Biographie Theodor Herzl

Begründer des politisch aktiven Zionismus war
Theoder Herzl (* 2. Mai 1860 in Pest, dem heutigen
Budapest; † 3. Juli 1904 in Edlach, Gemeinde
Reichenau an der Rax, Niederösterreich) ein
österreichischer Schriftsteller, Publizist und
Journalist. Er entstammte einem gutbürgerlichen
Elternhaus, welches zwar die jüdischen Sitten und
Bräuche pflegte, aber nicht als übermäßig religiös
beschrieben werden kann.[1]

Die schriftliche Niederlegung seiner zionistischen
Ideen geschah in seinen Büchern „Der Judenstaat",

erschienen 1896 in Leipzig und Wien in der M. Breitenstein's Verlags-Buchhandlung
mit einer Auflage von 3000 Stück,[2] welches die theoretisch-programmatischen
Aussagen des Zionismus darlegte und in „Altneuland", erschienen 1902 in Leipzig,
welche eine utopistische Darlegung, teils überarbeitete Fassung dieser Thesen in
Romanform darstellt. In ihnen vertrat er die Meinung, dass die Judenfrage nur gelöst
werden könne, durch eine Konzentration eines möglichst großen Teils der Juden in
einem Land, möglichst Palästina[3] und die Erlangung der inneren und äußeren Freiheit
für das Judentum bestehen könne.[4]

Als Auslandskorrespondent berichtete er 1894 und 1895 aus Paris über die Dreyfus-
Affäre, den Prozess gegen den jüdischen Artilleriehauptmann Alfred Dreyfus im
französischen Generalkommando wegen Hochverrats. Gemäß eigenen Angaben
veröffentlichte Herzl 1896 seine Schrift „Der Judenstaat" unter dem Eindruck dieser
Affäre und antisemitischer Ausschreitungen in Frankreich.[5] Gewisse Biografen
hingegen sehen in diesem Text den Endpunkt einer langen inneren Entwicklung: An
deren Anfang stand eine ambivalente Haltung Herzls seinem „Jüdischsein" gegenüber.

---

[1] Schoeps 1975, S. 10f
[2] Schoeps 1975, S. 48
[3] Schoeps 1975, S. 7
[4] Schoeps, 1985, S. 1
[5] Schoeps 1975, S.7

Ihre entscheidende Verschärfung empfing diese Ambivalenz dann durch den Aufstieg des Antisemitismus in Herzls neuer Wahlheimat Wien während der 1890er Jahre.[6] Diese Meinung wird heutzutage vielfach geteilt.

Obgleich Herzl nicht der Begründer des theoretischen Zionismus, dessen Kerngedanken die zur Abkehr vom Gedanken der Assimilierung, die Gründung eines Staates für alle Juden sowie ein aufgeklärter Nationalismus war,[7] so war jedoch er derjenige, der den Zionismus zur größten nationalen Bewegung des 19. Jahrhunderts gemacht hat und den 1. Zionisten Kongress in Basel vom 29. bis 31. August 1897 organisierte, welcher als erste jüdische Nationalversammlung bezeichnet werden kann. Die Wirkung seiner Bücher, vor allem aber die von ihm begründete und geleitete Bewegung „politischer Zionismus" respektive „Kongress-Zionismus", setzten eine Entwicklung in Gang, die wesentlich zur Ermöglichung und Gründung des modernen Staates Israel im Jahr 1948 beitrug.

[6] Kornberg, S.2
[7] Schoeps 1975, S. 50f.

Der utopische Roman

Der Begriff „Utopia" setzt sich aus den 2 griechischen Wörtern „ou" (= nicht) und „topos" (= Ort) zusammen und bedeutet soviel wie „Nicht-Ort" oder „Nirgendwo".[8] Mit einer Utopie will der Autor explizit Zeitkritik üben,[9] Utopien entstehen aus dem Wunsch eine bessere Zukunft zu entwerfen[10] und sind ganzheitlich entworfen.[11] Sie unterscheiden sich hiermit von der bloßen tagträumenden Phantasie, die lediglich ausschweifend agiert.[12] Mangel und Wunsch bilden somit den Grundimpuls utopischen Denkens.[13]

Als Mutter aller Utopien gelten sowohl Platons Politeia als auch Thomas Morus namensgebendes Werk Utopia.[14]

Eine Utopie bedeutet ursprünglich „die romanhafte Schilderung [...] einer mit der Realität nicht übereinstimmenden, in sich geschlossenen ökonomischen, politischen, sozialen oder geistig-moralischen Ordnung einer fiktiven Gesellschaft"[15] als Gegenentwurf und Kritik an den aktuellen politischen und sozialen Zustände.[16] Des Weiteren findet sich oft in vielen Utopien den Aspekt der Selbstbeschränkung und Mäßigung und den Verzicht auf Luxus[17] zum Wohle des Gemeinwesens. Von daher spielen eine genaue Beschreibung der Eigentumsverhältnisse sowie der Organisation der Güterherstellung und Verteilung eine wichtige Rolle.[18] Diese Aussagen werden ergänzt um Informationen der Rolle der Arbeit und der Bedeutung von (fortschrittlicher) Wissenschaft und Technik,[19] welche im 19. Jahrhundert – als auch Altneuland entstand - im Zuge der Industrialisierung zum eigentlichen materiellen Fundament der Utopie wurden.[20]

---

[8] Saage 2000, S. 46
[9] Waschkuhn 2003, Einleitung
[10] Gnüg 1999, S. 12
[11] Waschkuhn 2003, Einleitung
[12] Gnüg 1999, S. 12
[13] Gnüg 1999, S. 12
[14] Saage 2000, S. 28
[15] Waschkuhn 2003, S. 1
[16] Waschkuhn 2003, S. 5
[17] Waschkuhn 2003, S. 4
[18] Waschkuhn 2003, S. 9f
[19] Waschkuhn 2003, S. 10
[20] Waschkuhn 2003, S. 12

Des Weiteren neigen nicht weniger Utopien zur Versteinerung, da der Idealzustand ja bereits gefunden ist und keinerlei Innovation mehr bedarf.[21] Dem entspricht auch, dass in den meisten Utopien kein Platz für Andersdenkende ist.[22] Ebenso gibt es allerdings auch dynamische Utopien, die durchaus die Möglichkeit einer Weiterentwicklung und tolerante Verhaltensweisen gegenüber Andersdenken einräumen.[23]

Häufig vorkommend sind Raum-Utopien, also die Verlegung der Utopie in einen weit entfernten Ort, oder Zeit-Utopien, die Verlegung der Utopie in eine weit entfernte Zeit.[24]

Heutzutage ist der Begriff „Utopie" zumeist mit negativen Assoziationen belegt.[25] In der Umgangssprache bedeutet der Begriff „utopisch" soviel wie „übersteigert", „unrealistisch" oder „träumerisch".[26] Man verbindet hiermit ein Denken, welches Projekte entwirft, die scheitern müssen, weil ihr realitätsblinder Urheber die konkreten Voraussetzungen ihrer Verwirklichung nicht berücksichtigt.[27]

Politische Utopien waren für die Zeit in der Altneuland entstand nichts Ungewöhnliches. Herzl erwähnt selbst zwei äußerst erfolgreiche Werke wie Bellamys „Looking Backward" und Theodor Hertzkas „Freiland"[28] Bellamys Werk erschien Herzl zu sozialistisch beziehungsweise kommunistisch,[29] obwohl anzumerken ist, daß die Rahmenhandlung des Buches von Herzl für Altneuland größtenteils übernommen wird, und Hertzkas an den Haaren herbeigezogen.[30]

---

[21] Waschkuhn 2003, S. 4
[22] Waschkuhn 2003, S. 4
[23] Waschkuhn 2003, S. 4
[24] Waschkuhn 2003, S. 12
[25] Saage 2000, S. 45
[26] Saage 2000, S. 45
[27] Saage 2000, S. 45
[28] Laqueur 1999, S. 123
[29] Herzl 1985, S. 101
[30] Laqueur 1999, S. 123f

Der Roman Altneuland

Nach einer Palästinareise im Herbst 1898 um den deutschen Kaiser zu treffen,[31] begann Theodor Herzl mit den Plänen für seinen Roman Altneuland und skizzierte den ersten Entwurf im Juli 1899.[32] Viel Zeit wendete Herzl erst nach Rückschlagen auf politische Ebene, welche die Gründung eines Judenstaates vorerst unmöglich machte, auf[33] und der Roman wurde schlussendlich 1902 im Leipziger Verlag Hermann Seemann Nachfolger veröffentlicht.[34] Der Roman, welche in vielen Sprachen veröffentlicht wurde, wurde von Herzl primär als Propagandaschrift für Nichtjuden gesehen, um zu zeigen das die zionistische Idee realisierbar und die Judenfrage zur Zufriedenheit aller zu lösen sei.[35]

Die Rahmenhandlung wird von vielen Experten als „simpel, manchmal sogar etwas dünn"[36] beschrieben. Sie wurde von Herzl lediglich benutzt, um seine theoretischen Anschauungen literarisch umzusetzen. Die Figuren sind ähnlich wie in den von Herzl verfassten Lustspielen und Theaterstücken keine gewachsenen Individuen mit einer Persönlichkeitsentwicklung, sondern reine Typenformen, die dazu dienen eine bestimmte Geisteshaltung zu repräsentieren oder auch nur anzusprechen.[37]

Altneuland war eine von vielen sozialen und politischen Romanutopien, welche im 19. Jahrhundert zahlreich erschienen sind,[38] stach jedoch dadurch heraus, das sie im Gegensatz zu allen anderen Utopien von einem aktiven Politiker verfasst wurde.[39]

Es finden sich zahlreiche autobiographische Anspielungen auf Zeitgenossen, Mitstreiter und Familienmitglieder Herzls,[40] so kann die Hauptfigur Kingscourt als Parodie auf den deutschen Kaiser verstanden werden.[41]

---

[31] Schoeps 1975, S.74f.
[32] Schoeps 1985, S. 6
[33] Bein 1983, S. 268
[34] Schoeps 1985, S. 6
[35] Schoeps 1985, S.6f
[36] Schoeps 1985, S. 7
[37] Bein 1983, S. 268
[38] Schoeps 1985, S. 7
[39] Schoeps 1985, S. 7
[40] Schoeps 1985, S. 7
[41] Bein 1983, S. 269

Inhalt

1902 in Wien[42] folgt der schwächliche[43] Advokat Dr. Friedrich Löwenberg – von seiner großen Liebe enttäuscht[44]– des Lebens überdrüssig, dem ehemaligen deutschen Offizier Adalbert von Könighoff[45] alias Kingscourt,[46] welcher in Amerika Reichtum erworben hat[47] und ebenfalls des Lebens überdrüssig ist,[48] auf eine einsame Insel im Cook-Archipel.[49] Vorher machen sie jedoch einen kurzen Zwischenstopp in Palästina und verbringen dort einige Tage. Löwenberg ist angewidert von der primitiven Lebensweise der Araber, die das Land verkommen lassen.[50] Die Eisenbahnanbindung ist äußerst schlecht, das flache Land fast nur Sumpf und Sand, die Äcker verbrannt und die Bewohner der verwahrlosten Dörfer haben ein räuberhaftes Aussehen.[51] Als Löwenberg und Kingscourt in einer Mondnacht durch die Altstadt von Jerusalem gehen, ist er stark ergriffen und wird von Jugenderinnerungen an die jüdischen religiösen Feiern mit seinem Vater überwältigt.[52] Tagsüber wird er bei einem Spaziergang an den Resten der Klagemauer von dem „widerlichen Anblick der geschäftsmäßig betenden Bettler"[53] abgestoßen. Dort wird er von einem Doktor Eichenstamm angesprochen, der ihm von neuen jüdischen Ansiedlungen berichtet, zu denen er sie auch führt.[54] Kingscourt ist begeistert, Löwenberg wiederum gelangweilt.[55]

Die folgenden Kapitel spielen im Jahre 1923 nach der Rückkehr von Löwenberg und Kingscourt von der einsamen Insel nach Palästina. Löwenberg ist durch die Zeit auf der Insel ein Baum von einem Mann geworden,[56] ebenso ist Palästina durch jüdische

---

[42] Herzl 1985, S. 17
[43] Herzl 1985, S. 18
[44] Herzl 1985, S. 25ff.
[45] Herzl 1985, S. 66
[46] Herzl 1985, S. 32
[47] Herzl 1985, S. 32
[48] Herzl 1985, S. 32f
[49] Herzl 1985, S. 33
[50] Herzl 1985, S. 39
[51] Herzl 1985, S. 39f
[52] Herzl 1985, S. 40
[53] Herzl 1985, S. 41
[54] Herzl 1985, S. 41f
[55] Herzl 1985, S. 43
[56] Herzl 1985, S. 47

Einwanderer aufgeblüht und zu einer Kulturnation geworden.[57] Sie legen im modernen Seehafen Haifa an[58] und werden dort von David Littwak, einem jungen Erwachsenen, der 20 Jahre zuvor in ärmlichen Verhältnissen lebend[59] Löwenbergs Bekanntschaft gemacht hat,[60] begrüßt. Littwak kam als Bauer nach Palästina und hat es bis zum Reeder gebracht.[61] Er lädt die beiden in sein Haus ein und begibt sich anschließend mit Kingscourt und Löwenberg auf eine Reise durch Altneuland.[62]

Das Land hat sich vollkommen verändert: Kingscourt und sein Begleiter erblicken ein modernes und liberales Land. Aus der verdörrten Einöde ist ein moderner Staat mit großen, ebenso modernen Städten und einer florierenden Landwirtschaft geworden.[63] Das Palästina, welcher Herzl beschreibt, erstreckt sich von vom Gebiet des West- und Ostjordanlandes bis nach Syrien im Norden, während die Südgrenze nicht genau angegeben wird.[64]

Die Wirtschaftsordnung – und Sozialordnung in Altneuland ist die sogenannte „Neue Gesellschaft. Die Ordnung stellt keinen autoritären Staat dar, sondern vielmehr eine auf der Freiheit des einzelnen aufgebaute Gesellschaft. Eine Teilnahme am politischen Geschehen steht jedem frei,[65] allerdings muss Mitglied der neuen Gesellschaft 2 Jahre lang im öffentlichen Dienst arbeiten, Wehrdienst und Armee gibt es nicht.[66] Die Jugend muss sich aber dennoch sportlich betätigen[67] und auch Schützenvereine besuchen.[68] Frauen besitzen vollkommene Gleichberechtigung.[69]

Die Verwaltung erfolgt durch besoldete und ehrenamtliche Stellen, aktive Beamte dürfen am politischen Leben nicht teilnehmen.[70]

Die Bestrafung von Verbrechen ist gewaltfrei und wird in Form erzieherischer Maßnahmen in Arbeitshäusern durchgeführt.[71]

---

[57] Herzl 1985, S. 48
[58] Herzl 1985, S. 50
[59] Herzl 1985, S. 28ff
[60] Herzl 1985, S 20
[61] Herzl 1985, S. 69
[62] Herzl 1985, S. 51
[63] Bein 1983, S. 270
[64] Schoeps 1985, S.7
[65] Herzl 1985, S. 60
[66] Bein 1983, S. 271
[67] Herzl 1985, S. 178
[68] Herzl 1985, S. 63
[69] Herzl 1985, S. 60ff
[70] Herzl 1985, S. 61

In Altneuland hat jeder Bürger das Recht auf, aber auch die Verpflichtung zur Vollbeschäftigung, Betteln ist verboten und wird mit Einlieferung ins Arbeitshaus bestraft.[72] Alle Mitglieder der Gesellschaft sind gegen Unfälle, Krankheit, Tod und Alter versichert[73] und die Erziehung und Bildung ist unentgeltlich und für jeden frei verfügbar.[74]

Das von Herzl geschilderte Wirtschaftssystem ist weder kapitalistisch noch sozialistisch, da sie laut Herzl das individuelle Leben, dessen Grundlage das Privateigentum ist, zerstören würden.[75] Der Kapitalismus enteigne den Großteil der Bevölkerung und lässt das Eigentum nur einem ausgewählten Personenkreis, während der Sozialismus alles Eigentum abschaffen und alle Menschen gleich machen wolle.[76] Die Gesellschaft die Herzl vorschwebt, war sozial gerecht, fortschrittlich und demokratisch.[77]

In „Altneuland" wird deshalb als Wirtschaftsform von Herzl der sogenannten „Mutualismus",[78] einen Mittelweg zwischen Kapitalismus und Kollektivismus, welcher Privatvermögen zulässt, aber gemeinwirtschaftlichen Formen zulässt und fördert, wo es der Natur der Sache angemessen ist.[79] Hier ist ein eindeutiger Einfluss der Genossenschaftsidee von Herzl Zeitgenossen Franz Oppenheimer zu erkennen, mit welchem Herzl nachweislich korrespondierte.[80]

Ein Amt für Arbeits- und Unternehmenstatistik ist errichtet worden, um die Wirtschaft zu lenken[81] und jede Neugründung muß beim Industrieamt angemeldet werden.[82] Erforderliche Arbeitskräfte können dem Unternehmer durch das Amt für Arbeitvermittlung zugeleitet werden,[83] was für den Unternehmer nicht bindend ist,

---

[71] Herzl 1985, S. 155, Bein 1983, S. 272
[72] Schoeps 1985, S.8
[73] Herzl 1985, S. 61
[74] Bein 1983, S. 272
[75] Schopes 1985, S. 7
[76] Schoeps 1985, S. 7
[77] Laqueur 1999, S. 125
[78] Herzl 1985, S. 66
[79] Schoeps 1985, S. 7f
[80] Schoeps 1985, S. 8
[81] Schoeps 1985, S. 8
[82] Schoeps 1985, S. 8
[83] Schoeps 1985, S. 8

allerdings müsse laut Herzl verhindert werden, dass nicht-jüdische Arbeitnehmer ins Land kamen, da sie sonst die Löhne drücken würden.[84]

Die Landwirtschaft stützt sich vor allem auf den Anbau von Orangen, Reis, Zucker, Tabak und Baumwolle und wird von Produktionsgesellschaften betrieben, in denen Land und Produktionsmittel Gemeinbesitz der beteiligten Genossenschaftsmitglieder ist,[85] welche alle Arbeitsprozesse gleichzeitig selbständig organisieren. Jeder wird nach der geleisteten Arbeit entlohnt, und kann ihren Lohn in den genossenschaftseigenen Läden investieren, in denen die Waren günstiger zu erwerben sind.[86] Der Vorteil dieser Genossenschaften liegt in der Vergleich zum Einzelbauern besseren Ausrüstung mit landwirtschaftlichen Geräten und der besseren Versorgung der Beteiligten.[87] So verfügen die beschriebenen Genossenschaften über einen modernen Maschinenpark, ein Chemielabor, Schule und Gemeindebibliothek.[88]

Neben den Fragen Ökonomie sind auch die Fragen der Kultur – und Sozialpolitik gelöst:[89] Schulen, Universitäten und Krankenhäuser stehen jedem offen, ebenso wie Theater, Akademien und „Unterhaltungshäuser".[90]

Palästina bildet als Durchgangsland nach Asien einen Knotenpunkt des Welthandels.[91]

Die gesamte Bevölkerung ist motorisiert und die Fahrzeuge werden allesamt durch Elektroenergie angetrieben, welche durch Ausnutzung von Wasserkraft erzeugt wird[92].

Durch Storm wurde die gesamte Arbeitsweise neu gestaltet in allen Bereichen wie Landwirtschaft, Handwerk, Haus- und Straßenbau.[93] Die Kommunikation erfolgt über Telefone und die Information über Telefonzeitungen.[94]

Die Städte sind weit und luftig gebaut und in der Innenstadt befinden sich primär öffentliche Gebäude, die Wohnhäuser, meist prachtvolle Einzelhäuser im Freien.[95]

---

[84] Schoeps 1985, S. 8
[85] Schoeps 1985, S. 8
[86] Schoeps 1985, S. 8
[87] Schoeps 1985, S. 8f
[88] Schoeps 1985, S. 8
[89] Schoeps 1985, S. 8
[90] Schoeps 1985, S.8
[91] Herzl 1985, S. 49
[92] Herzl 1985, S. 86
[93] Herzl 1985, S. 53 , Bein 1983, S. 271
[94] Herzl 1985, S. 71
[95] Herzl 1985, S. 56 , Bein 1983, S. 272

Einkäufe werden in großen Warenhäusern durchgeführt, da der Einzelhandel nicht mehr rentabel ist.[96] Auf dem Lande existieren kleine genossenschaftlich organisierte Dörfer, welche den Stadten in moderner Lebensführung in nichts nachstehen.[97] Jerusalem ist eine „Weltstadt nach den Begriffen des 20. Jahrhunderts"[98] geworden.

Religiöse Vorgaben gibt es nicht, es ist gleichgültig, ob man Gott „im Tempel, in der Kirche, in der Moschee, im Kunstmuseum oder im philharmonischen Konzert anbetet.[99]

Der Staat ist also nicht spezifisch jüdisch, da Herzl nicht an eine spezifisch jüdische Mission glaubte, sondern ihm lag vielmehr an der Normalisierung des jüdischen Volkes, das er keineswegs für ein auserwähltes Volk hielt.[100] Allerdings werden die jüdischen Traditionen geehrt und feierlich begangen.[101]

Grundprinzip des Staates Altneuland ist die Toleranz,[102] daher hat die Einwanderung der Juden auch keinerlei Spannungen mit der dort lebenden arabischen Bevölkerung ausgelöst, sondern sie haben die Einwanderung der Juden gefördert[103] und sind begeisterte Mitglieder der „neuen Gesellschaft".[104]

Ethnische Spannungen existieren in Altneuland nicht: Araber, Juden und Nicht-Juden leben alle in Eintracht. Die Araber haben zweifach einen Vorteil von der Einwanderung der Juden: Einmal durch den Verkauf ungenutzten Bodens, zum anderen durch die Erlernung modernster Wirtschaftsmethoden.[105] Als Zeichen der allgemeinen Toleranz wurde der Jerusalemer Tempel an anderer Stelle erbaut, um die Omarmoschee auf dem ursprünglichen Standort unangetastet zu lassen.[106]

Als Kingscourt einen Araber anspricht, ob es keine Spannungen gebe, antwortet dieser: „Würden sie den als einen Räuber betrachten, der ihnen nichts nimmt, sondern

---

[96] Herzl 1985, S. 74
[97] Herzl 1985, S. 86f.
[98] Herzl 1985, S. 161
[99] Schoeps 1985, S. 9
[100] Laqueur 1999, S. 126
[101] Bein 1983, S. 272
[102] Herzl 1985, S. 55 / Schoeps 1985, S. 8
[103] Herzl 1985, S. 56
[104] Herzl 1985, S. 56f.
[105] Bein 1983, S. 273
[106] Bein 1983, S. 272

etwas bringt? Die Juden haben uns bereichert. Warum sollten wir ihnen zürnen? Sie leben mit uns wie Brüder. Warum sollten wir sie nicht lieben?[107]

David Littwak, dessen Wahlspruch lautet: „Mensch, du bist mein Bruder" und der sich dafür einsetzt, dass auch verdiente Nicht-Juden hoch angesehen werden, führt einen erbitterten Kampf mit dem opportunistischen Rabbiner Geyer,[108] einem ehemaligen Antizionisten und mittlerweile erbittertem Nationalisten[109] mit großer Anhängerschaft[110], um die Aufrechterhaltung des Grundsatzes, dass auch Nichtjuden Mitglieder der „Neuen Gesellschaft" werden können.[111] David Littwak wird am Ende des Romans im Sitz der Regierung Altneulands, dem prachtvollen Friedenspalast,[112] zum neuen Präsidenten der neuen Gesellschaft ernannt

---

[107] Schoeps 1985, S.9, Herzl 1985, S.89
[108] Herzl 1985, S. 69, Herzl 1985, S. 89
[109] Herzl 1985, S. 96ff.
[110] Herzl 1985, S. 95
[111] Bein 1983, S. 273
[112] Herzl 1985, S. 161

Nachweis Utopie

Altneuland ist nachweislich ein Utopischer Roman, also ein Gegenentwurf und Kritik an den aktuellen politischen und sozialen Zuständen durch die Darstellung einer in sich geschlossenen ökonomischen, politischen, sozialen oder geistig-moralischen Ordnung einer fiktiven Gesellschaft.[113]

Altneuland neigt wie andere Vertreter des Genres zur Versteinerung, da der Idealzustand ja bereits gefunden ist und keinerlei Innovation mehr bedarf.[114] Dem entspricht auch, dass in Altneualand wie den meisten Utopien kein Platz für Andersdenkende ist oder sie dürfen nur eine eher satirisch gebrochene Nebenrolle spielen.

In Altneuland ist nichts von Militär und Krieg zu lesen,[115] zwei der wichtigsten Faktoren, die die Politik des realen Staates Israel entscheidend beeinflussten.[116] Herzl beschäftigt sich ebenso nirgendwo in dem Buch dem staatlichen Gewaltmonopol, da es in Altneuland Gewalt kaum gibt und sich die Führung lediglich auf administrative Aufgaben beschränkt.[117]

Als charakteristisch für das Feld der utopischen Theorie kann in Altneuland die Betonung des Gemeinwesens unter dem Aspekt der Selbstbeschränkung und Mäßigung zu Wohle desselben genannt werden. Von daher spielen eine genaue Beschreibung der Eigentumsverhältnisse sowie der Organisation der Güterherstellung und Verteilung in Altneuland eine wichtige Rolle.

Als weiteres utopisches Merkmal in Altneuland kann die Darstellung modernster technischer Entwicklungen, Maschinen und Geräte genommen werden.[118] So erfolgt die Fortbewegung nicht mit der Eisenbahn, sondern einer Art Schwebebahn.[119] Herzl war als Erwachsener fortschrittsgläubig[120] und hatte sich schon von frühester Kindheit für die aufkommende Technisch-industrielle Entwicklung begeistert,[121] später in seiner

---

[113] Waschkuhn 2003, S. 1
[114] Waschkuhn 2003, S. 4
[115] Herzl 1985, S. 63
[116] Laqueur 1999, S. 136
[117] Laqueur 1999, S. 124
[118] Bein 1983, S. 270, Herzl 1985, S. 91ff.
[119] Herzl 1985, S. 52
[120] Laqueur 1999, S. 124
[121] Schoeps 1975, S. 11

Tätigkeit als Journalist vielfach technische Thematiken in Artikeln behandelt[122] und sah schlußendlich die Technik in der Zukunft als eines er Hauptmittel zur Lösung wichtiger Fragen der Menschheit.[123]

In dem Staat, welcher Herzl in Altneuland beschreibt, ist das modernste, was die damalige technische Entwicklung zu bieten hatte, verwirklicht worden. Eisenbahnlinien und Kanäle durchziehen das Land, Wasser wird zur Bewässerung des Landes verwendet und durch Talsperren umgeleitet oder mithilfe von Elektrizität dorthin gepumpt, wo es benötigt wird.[124] Herzl schätzte die Industrie mehr als die Landherrschaft und war somit seiner Zeit voraus.[125]

Das von Herzl geschilderte Wirtschaftssystem ist weder kapitalistisch noch sozialistisch, da beide Regierungsformen dem Menschen schaden würden, in „Altneuland" wird deshalb als Wirtschaftsform von Herzl der sogennanten „Mutualismus",[126] einen Mittelweg zwischen Kapitalismus und Kollektivismus, welcher Privatvermögen zulässt, aber gemeinwirtschaftlichen Formen zulässt und fördert, wo es der Natur der Sache angemessen ist.[127] Hier ist ein eindeutiger Einfluss der Genossenschaftsidee von Herzl Zeitgenossen Franz Oppenheimer zu erkennen, mit welchem Herzl nachweislich korrespondierte.[128]

Des weiteren fällt Altneuland in die Kategorie der Zeit-Utopie, da die Handlung von Herzl aus dem Jahre 1902, also der Verfassung des Romans, in das Jahr 1922/23 verlegt wurde.

Ethnische Spannungen existieren in Altneuland nicht: Araber, Juden und Nicht-Juden leben alle in Eintracht. Die Araber haben zweifach einen Vorteil von der Einwanderung der Juden: Einmal durch den Verkauf ungenutzten Bodens,[129] zum anderen durch die Erlernung modernster Wirtschaftsmethoden[130] und haben teilweise die Einwanderung der Juden sogar gefördert.

---

[122] Schoeps 1975, S. 11
[123] Schoeps 1975, S. 11
[124] Schoeps 1985, S. 7
[125] Laqueur 1999, S. 125
[126] Herzl 1985, S. 66
[127] Schoeps 1985, S. 7f
[128] Schoeps 1985, S. 8
[129] Herzl 1985, S. 87
[130] Herzl 1985, S. 87

Der Grund für diese Art der Darstellung liegt folgendermaßen begründet:

Da die aus Europa stammende zionistische Elite von visionären Vorstellungen bestimmt war, wurde der Frage der arabischen Bevölkerung in den palästinensischen Gebieten – Herzl erwähnt die arabische Bevölkerung in seinem Reisebericht von 1898 und in seinem gesamten Tagebüchern mit keinem Wort - [131] im der Frühzeit des Zionismus kaum Bedeutung oder gar eine Rolle zugemessen,[132] dies spiegelt sich auch in Herzls Roman wieder und wurde von ihm 1895 in seinen Tagebüchern wie folgt – vollkommen naiv und imperialistisch geprägt - ausgedrückt: „Die arme Bevölkerung trachten wir unbemerkt über die Grenze zu schaffen, in dem wir ihnen in den Durchzugsländern Arbeit verschaffen, aber in unserem eigenen Lande jederlei Arbeit verweigern."[133]

Man ging von dem Irrtum aus in einem politischen Vakuum zu agieren.[134] Man hielt Palästina für leeres Land, das nur darauf wartet von jüdischen Siedlern kolonisiert und vor allem kultiviert zu werden.[135]

Prinzipiell zeigt sich auch in dem Denken Herzl ein Einfluss des im Europa des 19.Jahrunderts weit verbreiteten Kolonialismusgedankens, nach dem man den unterprivilegierten nicht-europäischen Völkern die europäische „Hoch"kultur bringen müsse,[136] und jene diese gefälligst anzunehmen hätten, und sofern dies nicht friedliche geschehe, man gezwungenermaßen mit anderen Mitteln nachhelfen müsse.

Das die Leidtragenden der jüdischen Kolonisation die arabische Bevölkerung sei, was die Möglichkeit einer arabischen Opposition miteinschlösse, wurde entweder vollkommen übersehen oder dahin gehend in Kauf genommen, dass man der angeblich kulturlosen arabischen Bevölkerung quasi Entwicklungshilfe zukommen lassen. [137]

Kultur war für Herzl und andere zionistische Führer „europäische Kultur"[138] und betrachten es auch als Aufgabe des Zionismus, die Segnungen der abendländische Kultur in den Orient zu bringen.[139] Der israelische Schrifsteller Amos Elon

---

[131] Heid 1998, S. 22
[132] Heid 1998, S. 21f
[133] Heid 1998, S. 22
[134] Laqueur 1999, S. 125
[135] Schoeps 1985, S. 9
[136] Herzl 1985, S. 64, Herzl 1985, S. 90
[137] Schoeps 1985, S.10, Herzl 1985, S. 88
[138] Herzl 1985, S. 52
[139] Laqueur 1999, S. 126

bezeichnete, die Haltung Herzl und anderer zionistischer Führer gegenüber den Arabern als eine „Mischung von Naivität, Wunschdenken, patriarchalem Wohlwollen und Ignoranz.[140]

Nahum Goldmann wiederum hat in seinen Erinnerungen darauf hingewiesen, dass es einer der größten Denkfehler des Zionismus gewesen sei, den arabischen Aspekt bei der Gründung des Staates Isreal nicht genügend berücksichtig zu haben.[141]

Die Veröffentlichung des Romans hat Herzl innerhalb der zionistischen Bewegung mehr geschadet als genützt, offen kritisiert wurde seine Durchdringung von westlich-zivilisatorischem Geist[142] und die Bevorzugung der „politischen Lösung" vor der „Kulturfrage", so habe der Staat Altneuland laut Achad Haam „keinerlei Hochschätzung für jüdische Tradition, Sprache und Literatur[143].

Herzl war vielmehr eindeutig von den Staatstheorien Machiavellis und Hegels beeinflusst und somit den nationalstaatlichen Denken des 19. Jahrhunderts weitaus mehr verhaftet als den religiös-traditionellen Überlieferungen des Judentums[144] und sah folglich nur in der Idee des Nationalstaats die Möglichkeit, „[das jüdische] Volk von einen Ort an den anderen zu versetzen".[145]

Herzl respektiert zwar die jüdische Religion, doch zieht dieser einen säkulären, modernen Staat vor, von Sozialreformen bestimmt und durch technologischen Fortschritt dominiert.[146] Der wiederaufgebaute Tempel in Jerusalem kommt nur in einer Szene vor und erinnert nur symbolisch an biblische Ursprünge,[147] auch das traditionelle Passahfest wird nur sehr oberflächlich gefeiert und dazu genutzt mittels eines Schallplattenspielers die Entwicklungsgeschichte Altneulands durch die Stimme eines ihrer Gründer darzulegen.[148]

---

[140] Schoeps 1985, S. 10
[141] Heid 1998, S. 22
[142] Schoeps 1985, S. 9
[143] Schoeps 1985, S. 9
[144] Schoeps 1985, S. 1
[145] Schoeps 1985, S. 1
[146] Brenner/Weiss 1999, S. 10
[147] Brenner/Weiss 1999, S. 10
[148] Herzl 1985, S.127ff.

Dennoch ist der Roman viel gelesen worden, und hat obwohl er auf die Politik und den Aufbau Palästinas wenig Einfluss ausgeübt hat, die Diskussion innerhalb der zionistischen Bewegung angeregt.[149]

Sowohl „Der Judenstaat" als auch „Altneuland" waren Utopien, und es liegt im Wesen der Utopie, das sie überhaupt nicht Wirklichkeit werden oder sich die Dinge gänzlich anders entwickeln.[150] Dem utopischen Staatsroman sind keine Grenzen gesetzt und alle Konstruktionen sind theoretisch möglich. In dem Augenblick jedoch wo man Utopien verwirklichen will, beginnen die Schwierigkeiten und im Zusammenprall mit der harten Wirklichkeit unterliegt das Wunschdenken der Utopie.

---

[149] Schoeps 1985, S. 9
[150] Laqueur 1999, S. 137

Literaturverzeichnis

Bein, Alex: Theodor Herzl, Ulstein, Frankfurt/Berlin/Wien 1983

Brenner, Hirsch / Weiss, Yfaat: Einführung: Von Altneuland zu Neualtland; in: Brenner, Hirsch / Weiss, Yfaat: Zionistische Utopie – israelische Realität : Religion und Nation in Israel, Beck, München 1999

Gnüg, Hiltrud: Utopie und utopischer Roman, Reclam, Stuttgart 1999

Heid, Ludger: Nächstes Jahr in Jersualem – Der Traum vom jüdischen Staat, in: Heiner, Lichtenstein/ Otto R. Romberg: Fünfzig Jahre Israel: Vision und Wirklichkeit, Bundeszentrale für politsche Bildung, Bonn 1998

Herzl, Theodor: „Wenn ihr wollt, ist es kein Märchen" – Altneuland/Der Judenstaat, Athenäum-Verlag, Königstein 1985

Kornberg, Jacques: Theodor Herzl: From Assimilation to Zionism, o.V., o.Oa.1993

Schoeps, Julius H.: Theodor Herzl – Wegbereiter des politischen Zionismus, Musterschmidt, Göttingen 1975

Laqueur, Walter: Zwischen zionistischer Utopie und israelischer Realität, in: Brenner, Hirsch / Weiss, Yfaat: Zionistische Utopie – israelische Realität : Religion und Nation in Israel, Beck, München 1999

Saage, Richard: Politische Utopien der Neuzeit, Verlag Dr. Dieter Wienckler, Bochum 2000

Schoeps, Julius H.: Einleitung, in: Herzl, Theodor: „Wenn ihr wollt, ist es kein Märchen" – Altneuland/Der Judenstaat, Athenäum-Verlag, Königstein 1985
Waschkuhn, Prof. Dr. Arno: Politisch Utopien – Ein politktheoretischer Überblick von der Antike bis Heute, R. Oldenbourg Verlag, Müchen/Wien 2003

BEI GRIN MACHT SICH IHR WISSEN BEZAHLT

- Wir veröffentlichen Ihre Hausarbeit,
  Bachelor- und Masterarbeit

- Ihr eigenes eBook und Buch -
  weltweit in allen wichtigen Shops

- Verdienen Sie an jedem Verkauf

Jetzt bei www.GRIN.com hochladen
und kostenlos publizieren